AF224491

LE

MONUMENT D'AUVOURS

COMMISSION DU MONUMENT D'AUVOURS

Monseigneur l'Évêque du Mans ;

MM. Guays des Touches, de Laval ;

le baron de Laborde, maire d'Yvré ;

Martin, ingénieur en chef du département ;

Richard, ancien maire du Mans ;

le vicomte de la Touanne, lieutenant-colonel des mobiles de la Sarthe ;

MM. l'abbé Chevreau, vicaire général ;

l'abbé Baissin, curé de la cathédrale ;

l'abbé Deslais, curé de la Couture ;

l'abbé Albin, chanoine ;

l'abbé Pichon, secrétaire de l'Évêché ;

l'abbé Lochet.

LE

MONUMENT D'AUVOURS

10, — 11, — 12 Janvier 1871

LE MANS

IMPRIMERIE E. CHAMPION

—

1874

Le département de la Sarthe, pendant la guerre de 1870, a vu, comme tant d'autres, son sol foulé par l'ennemi ; mais son chef-lieu a eu le triste honneur de donner son nom à une des grandes batailles du siècle, à un de ces combats dont le souvenir ne sera pas pour nous seuls, qui avons eu l'humiliation et la douleur de supporter la présence de l'ennemi, car dans l'histoire, Le Mans rappellera désormais un de nos grands désastres.

La bataille du Mans, en effet, c'était le dernier tressaillement dans notre agonie, le dernier espoir auquel nous pouvions nous rattacher. La vieille renommée du pays, sa configuration, la circonspection même avec laquelle l'étranger s'y aventurait, tout pouvait faire espérer que nous trouverions là un terrain plus favorable à nos armes.

Après les combats de Beaugency et de Josnes, lorsque le général Chanzy arriva à Vendôme, il eut un instant l'idée de se retirer en arrière du Mans. Quoiqu'il appréciât les facilités apportées à la défense, par le pays lui-même, il ne se voyait pas sans inquiétude adossé à deux rivières, dont le passage pouvait, en cas d'échec, causer des difficultés inextricables. Mais il était bien difficile d'abandonner un point aussi important. Enfin, soit qu'il y ait été amené par des considérations stratégiques, soit que d'autres motifs l'aient guidé, il décida l'établissement de l'armée en avant du Mans. Du 20 décembre au 10 janvier, le département devenait le théâtre de combats continuels, incessants, prélude de la grande bataille. Les engagements de Vibraye, de Connerré, de Saint-Pierre-du-Lorouer, d'Ardenay sont là pour l'attester.

Sur toutes nos routes, on ne peut passer sans se découvrir devant des tombes qui recouvrent ces derniers défenseurs du pays. Chaque commune a tenu à honneur d'avoir un monument commémoratif, soit au lieu même du combat, soit dans son église. En même temps, une souscription publique élevait aux enfants de la Sarthe, morts pendant la guerre, un monument destiné à perpétuer leur souvenir.

Mais, à côté de tous ces témoignages dus à l'initiative privée et individuelle, il appartenait à Monseigneur du Mans de venir en donner un d'un ordre plus élevé encore et d'un caractère plus général.

Si chaque combattant pouvait trouver respecté et honoré l'endroit où il avait vu tomber ses frères d'armes, si les noms des enfants de la Sarthe étaient gravés sur le granit, il fallait que tous les défenseurs du pays, que l'armée enfin pût dire :

« Jusqu'à la dernière heure nous avons fidèle-
« ment défendu le pays envahi, aussi n'a-t-on
« pas voulu que ce souvenir soit oublié. » Ce sentiment, bien des cœurs à Laval, à Saint-Brieuc le partageaient, et bientôt les trois diocèses se réunissaient dans une pensée commune.

Le plateau d'Auvours était l'emplacement désigné par tous. Au centre de ce vaste panorama qui s'étend des hauteurs de Foulletourte à celles de Connerré, dominant presque toutes les positions de combat sur une étendue de près de dix lieues, c'était là que devait s'élever le monument commémoratif de la bataille du Mans ; n'était-ce pas là qu'avait eu lieu ce sanglant mais glorieux engagement d'Auvours ; n'était-ce pas là que le général Gougeard entouré de ses troupes les plus vaillantes avait combattu pour préserver l'armée entière d'un désastre épouvantable et y était parvenu. N'était-ce pas là que l'on avait vu, infanterie, chasseurs à pied, zouaves, mobiles et mobilisés, lutter d'intrépidité pour ne pas laisser à l'ennemi cette clef de la position ; car « un seul « sentiment les animait tous, l'amour de la patrie, « ils n'avaient qu'un désir et qu'un but, se sacri- « fier pour sa délivrance et son salut (1). »

La Croix s'élèvera donc sur le plateau d'Auvours, dominant tout le théâtre de cette grande lutte, ayant à gauche Connerré, commencement du combat, à droite Pontlieue, son dernier épisode. Par sa position même, elle sera un hommage à toute l'armée, un enseignement pour nos enfants, un souvenir pour ceux qui sont tombés à ses pieds.

Elle aidera ainsi à l'accomplissement de la pensée si noblement exprimée par Mgr de Saint-Brieuc :

« Un souvenir survivra dans l'histoire et dans « la reconnaissance nationale, celui de ces vic- « times du devoir patriotique, qui à l'une des « heures les plus sombres de nos annales, ont du « moins sauvé l'honneur français en sachant « mourir. Quelles que soient les réparations de « l'avenir, de quelques merveilleuses végétations

____

(1) Général Gougeard.

« que soient plus tard recouvertes nos ruines pré-
« sentes, ils ont droit, ceux-là, à la fidélité du
« souvenir des hommes. Dieu lui-même aura
« accepté leur sacrifice comme une hostie d'expia-
« tion ; et quiconque s'arrêtera devant leur tombe
« murmurera ému et recueilli la parole qui les
« loue : *Sit memoria illorum in bénédictione.*
« — Que leur mémoire soit en bénédiction (1). »

Avant de retracer les péripéties du combat, il nous paraît nécessaire de dire quelques mots des troupes qui y prirent part, et de décrire la position d'Auvours avec les préparatifs de défense qui y avaient été faits.

Le 23 novembre, après le premier combat de la Fourche, le Mans avait paru sérieusement menacé, et cette alerte s'était étendue jusqu'au camp de Conlie. Là, en effet, se trouvaient tous les mobilisés envoyés par la Bretagne, mais à peine organisés, et pour ainsi dire sans armes. — « Cependant on se décide à en faire sortir les « bataillons les plus aguerris, ou tout au moins les « mieux armés » (2). Ils constituèrent la division active des forces de Bretagne, forte de 14,000 hommes et placée sous les ordres du général Gougeard.

(1) Mgr de Saint-Brieuc.
(2) Général Gougeard.

Voici la liste des bataillons au début de la campagne :

Mobilisés : 1 bataillon de Quimper, — 1 bataillon de Lorient, — 1 bataillon de Vannes, — 1 bataillon de Saint-Brieuc, — 1 bataillon de Lannion, — 1 bataillon de Rennes, — 3 bataillons de Nantes, — 1 bataillon de Saint-Nazaire.

Mobiles : 2 bataillons de la Mayenne, — 1 bataillon des Côtes-du-Nord, — 1 bataillon de la Loire-Inférieure.

Infanterie de ligne : 1 bataillon du 19ᵉ, — 1 bataillon du 62ᵉ, — 1 bataillon composé de détachements du 25ᵉ et du 86ᵉ, — 1 bataillon du 97ᵉ, — une compagnie de la légion étrangère.

Artillerie : Une batterie de 12 du 10ᵉ régiment d'artillerie, — 14 pièces de 4 de montagne servies par des marins, — une batterie de sept mitrailleuses servies par des marins.

Cavalerie : 1 escadron du 2ᵉ lanciers, — 1 escadron de gendarmerie, — 1/2 escadron d'éclaireurs des Côtes du-Nord.

Quant à leur armement nous laissons la parole au général :

« La plupart des bataillons de mobilisés n'a-

« vaient jamais fait l'exercice et leur armement
« était dans le plus triste état. Les chassepots
« n'avaient ni aiguilles de rechange ni nécessai-
« res d'armes, et plusieurs bataillons avaient
« reçu la veille ces petits fusils spencer achetés
« en Amérique, sans baïonnettes, véritables mous-
« quetons de cavalerie, d'un entretien délicat et
« qui dans les mains des paysans bretons ne pou-
« vaient avoir aucune valeur sérieuse, et en
« outre les cartouches distribuées à la hâte à
« Conlie n'étaient-elles pas de calibre convena-
« ble. »

Et c'étaient les bataillons les mieux armés ! ces
lignes seules écrites par un homme aussi compé-
tent suffiraient à la réhabilitation des mobilisés
bretons, quand même d'autres témoignages ne
seraient pas venus les corroborer.

Constituée en six brigades, la division prit part
à la retraite de Vendôme sur Le Mans. A son re-
tour, sur les hauteurs d'Yvré-l'Évêque, elle devint
la 4ᵉ division du 21ᵉ corps et fut organisée sur le
type ordinaire de toutes les divisions de l'armée.
4,000 hommes furent ainsi éliminés et cantonnés
en arrière du Mans.

Bientôt on devait leur adjoindre un bataillon de
zouaves pontificaux. Arrivés de Civita-Vecchia à
Toulon le 27 septembre, les zouaves pontificaux

avaient déclaré à l'unanimité, à M. de Charrette, leur lieutenant-colonel, qu'ils voulaient servir le pays sous ses ordres. Appelé à Tours, M. de Charrette y recevait un brevet de lieutenant-colonel, commandant la légion des Volontaires de l'Ouest. — Dès le premier jour, trois compagnies étaient formées, de 60 hommes chacune. Commandées par M. Legonidec de Traissan, elles partaient de Tours le 9 octobre pour gagner Fontainebleau. Arrêtés à Orléans, les zouaves étaient chargés, le 11 octobre, de couvrir la gauche de l'armée et s'en acquittaient héroïquement.

Cependant deux bataillons étaient organisés au Mans. Un troisième se formait. Le 9 novembre, ils partaient pour Châteaudun et passaient le 19 au 17e corps sous le commandement du général Sonis. Quant au 3e il était attaché au général Jaurès commandant le 21e corps.

A Loigny le 2e bataillon venait par une brillante charge dégager la gauche de l'armée, sur trois cents hommes partis le matin il en manquait le soir 207 et 11 officiers, le colonel de Charrette, le commandant de Moncuit étaient blessés, le commandant de Troussures, MM. de Gastebois, de Bellevue, de Ferron, du Bourg et tant d'autres avaient donné leur vie à Dieu et à la France.

Réorganisé à Poitiers, le 1er bataillon était réuni

au 3ᵉ dans le 21ᵉ corps. Le 10 janvier il était ajouté à la division de Bretagne avec le 6ᵉ bataillon des mobiles des Côtes-du-Nord.

Passant aux mobilisés, nous les trouvons commandés : la légion de Nantes, par le colonel Bell, et le bataillon de Saint-Nazaire par M. de Trégomain. Ancien officier, de Trégomain avait quitté femme et enfants pour reprendre du service, et c'est à quelques pas de la ville du Mans, alors habitée par lui, qu'il venait tomber pour la défense de la patrie. Qu'il soit donc permis à un ancien camarade et ami de venir rendre hommage à sa mémoire.

Quant à l'infanterie, malgré les numéros de régiments cités par le général, ces bataillons étant presque tous des bataillons de marche, il est à peu près impossible d'en retrouver aujourd'hui des renseignements certains.

Telles étaient les troupes, voyons maintenant quel était le lieu du combat.

Pour sa description, nous prendrons le rapport si complet et si exact de M. le baron de Laborde, maire d'Yvré-l'Évêque :

« Le plateau d'Auvours prend naissance au
« village de Champagné, et vient se terminer à
« cinq cents mètres d'Yvré. Son étendue est de
« trois kilomètres, son altitude est à la cote 113.

« Le sol, d'une nature argileuse, est coupé par
« des chemins creux, bordés de haies épaisses,
« offrant partout des retranchements naturels. Le
« sommet du plateau domine complétement à
« l'Orient les routes du Mans à Saint-Mars-la-
« Brière, celles de Saint-Calais, de Changé, le
« chemin de fer. »

« Trois plates-formes y avaient été établies :
la première au-dessus du hameau du Polucan,
dans un taillis appelé les Gols ; trois pièces d'artillerie y prirent position le mardi 10 janvier au
soir et tirèrent le 11 jusqu'à quatre heures.

« La seconde à quatre cents mètres plus à gauche, dans une vigne du clos d'Auvours, fut occu-
pée le 11 dans l'après-midi.

« La troisième au-dessus du château d'Auvours,
près de la ferme de la Roche, reçut trois mitrailleuses le 11.

« A un moment donné, ces trois positions, re-
liées par des ouvrages malheureusement inache-
vés, et sur une étendue de deux kilomètres, pou-
vaient faire converger leur tir sur le pont d'Yvré,
les routes de Paris et Saint-Calais, Changé et
Champagné.

« Sur le versant du coteau entre la ferme du
Fouteaux et les Ramardières, une tranchée de
trois cents mètres de longueur, sur quatre mètres

de large, était destinée à protéger une batterie
commandant la vallée de l'Huisne et la route
d'Yvré à Montfort. Elle pouvait joindre son feu à
celui des buttes de la Croix. La retraite, en cas de
besoin, était assurée par le chemin vicinal d'Yvré
à Champagné.

« En arrière, on avait dû fortifier le coteau du
Luart. Ce coteau, situé au S.-O. d'Yvré, est d'une
largeur d'un kilomètre environ ; à mi-côte, il est
traversé par la route du Mans. Par derrière, et à
sa base, se trouvent deux chemins vicinaux se
dirigeant sur le Mans et Sargé. Le 8 janvier, le
génie y creusa de larges tranchées, trois redoutes
considérables y furent élevées; sur la route, on
prépara des plates-formes. Les murs de l'ancien
parc d'Yvré, crénelés sur toute la longueur,
devaient servir d'abri aux tirailleurs et de rempart
à l'artillerie.

« Ainsi le Luart avec ses trois positions, la
Hardière, la ferme et la route, commandait Yvré,
la route de Paris celle de Montfort et principale-
ment le château des Arches.

« Le 10 janvier le Luart était armé à la Hardière de huit pièces, à la ferme de six, sur la route
de trois mitrailleuses.

« A Yvré même, les deux ponts sur l'Huisne
étaient minés et barricadés. Une ligne de cré-

neaux et de meurtrières s'étendait depuis le Luart jusqu'à la filature, sur une longueur d'un kilomètre au moins. Toutes les maisons situées parallèlement à l'Huisne, avaient été percées à jour pour les tirailleurs et le général était déterminé à y mettre le feu plutôt que de céder. » (1)

Le 10 janvier, le général Gougeard voulant constater la présence de l'ennemi à Ardenay, et l'y arrêter pour donner le temps à la division Pâris de s'établir solidement à Auvours, pousse une forte reconnaissance sur la route de Saint-Calais. A hauteur de Saint-Hubert, le 25ᵉ de ligne et les volontaires de l'Ouest furent vivement engagés et deux compagnies, celle du capitaine Fabry et du lieutenant Benoit avec une du 25ᵉ n'ayant pas reçu l'ordre de la retraite, tinrent pendant près de deux heures, et ne se replièrent qu'à la nuit, après avoir fait des pertes cruelles.

Cependant la demi-brigade laissée à Champagné avait dû abandonner le village, n'ayant pas été soutenue par la division Pâris. Un bataillon du 25ᵉ le reprit et le colonel Bell reçut l'ordre écrit « de barricader les rues, de créneler les mai-
« sons et les murs du cimetière, de s'y établir soli-
« dement et de s'y défendre jusqu'à la mort. » (2)

(1) Tiré de *La Bataille du Mans,* de M. Mallet.
(2) Général Gougeard.

Le 11 janvier, toute l'armée était sous les armes, l'ennemi faisait un dernier effort pour tenter le passage ; Auvours, Yvré enlevés, l'armée était coupée, prise entre deux feux et complétement tournée. Mais partout il trouva une résistance qu'il ne put vaincre, à 4 heures ses attaques avaient échoué.

« Cependant, dès le matin, j'avais entendu quel-
« ques coups de canon dans la direction du pla-
« teau d'Auvours, occupé par la division Pâris ;
« je connaissais la force de cette position, défen-
« due d'ailleurs par une forte artillerie, je ne crai-
« gnais rien de ce côté. Néanmoins ce demi-silence
« m'étonnait, il me semblait difficile que l'ennemi
« ne tentât pas un effort sérieux sur ces hauteurs
« qui commandent tous les alentours, et Yvré-
« l'Evêque en particulier. »

En effet, Champagné avait été vigoureusement attaqué. La brigade Bell s'était vaillamment comportée, mais aux premiers coups de feu le colonel Bell était tombé et avec lui le commandant de Trégomain. Le village défendu, maison par maison, nous avait été enlevé, et les Allemands s'établissant peu à peu sur le plateau et recevant sans cesse de nouveaux renforts, nous avaient refoulés sur Yvré.

« Au moment où nous approchions du vieux

pont, le plus triste spectacle nous attendait. La division Pâris quittait en désordre le plateau : artillerie, infanterie mélangées dans un pêle-mêle affreux descendaient au galop ces pentes glissantes couvertes de neige et se présentaient en masse pour repasser l'Huisne et s'engouffrer dans le village d'Yvré. Un seul instant me suffit pour juger la gravité de la situation ; je voyais déjà ma division entraînée par cet exemple, l'ennemi en possession d'une position dominante rendant intenables les hauteurs que nous occupions sur la rive droite, en un mot le centre de l'armée enfoncé, les Prussiens nous précédant aux ponts de la Sarthe et coupant la retraite à toute l'aile gauche enfermée entre deux rivières.

« En présence d'une situation aussi grave, l'hésitation n'était pas permise ; il fallait à tout prix reprendre le plateau abandonné avant que l'ennemi n'y eût monté son artillerie. Je prescrivis donc de garder les ponts et d'en défendre l'accès à tout prix ; puis, braquant sur la foule deux canons chargés à mitraille, je menaçai de faire feu si le désordre ne s'arrêtait à l'instant. Rappelée à elle-même par l'imminence du danger, elle s'arrêta hésitante ; quelques malheureux, affolés de terreur, essayèrent de passer la rivière sur la glace et s'y noyèrent. Des officiers énergiques parvinrent à rallier leur monde et à le former en

bataille. Ils reçurent l'ordre de se disposer à sui-
vre la colonne, car je ne pouvais compter sur ces
troupes démoralisées pour une offensive sérieuse.
Je réunis à la hâte un bataillon d'infanterie, les
mobilisés de Rennes, troupe solide et qui m'ins-
pirait toute confiance, un bataillon de mobilisés
de Nantes, les zouaves pontificaux si éprouvés la
veille, mais toujours pleins de feu et d'ardeur.
Prenant alors moi-même la direction de l'attaque,
accompagné de mon état-major, et m'adressant
aux volontaires de l'Ouest qui étaient en première
ligne : « Allons, Messieurs, leur dis-je, en avant
« pour Dieu et la Patrie ! le salut de l'armée
« l'exige. » Les trompettes sonnèrent la charge
et nous marchâmes en bon ordre à l'ennemi. (1)

« Le côté du plateau qui regarde Yvré est préci-
sément le moins accessible. Les pentes sont droi-
tes, leur base couverte de taillis, le reste coupé de
petits murs, ou de talus élevés pour la culture,
partout des arbres, des haies ou des buissons.
Une couche épaisse de neige couvrait ces obsta-
cles, cachant les creux des fossés et rendant l'as-
cension presque impossible. Au sommet, des
masses d'infanterie prussienne gardaient les positions, abritées par des taillis, des maisons, et ces
mêmes ouvrages de campagne, que les Français

(1) Général Gougeard.

avaient élevés, allaient servir contre eux. » —
Nous avons écouté le général, laissons la parole
au simple soldat :

« En avant, entendons-nous, le salut de l'armée
l'exige. — En avant, répond tout le bataillon.
Vive la France ! A nous la ligne ! à nous les mobiles ! Nous passons le pont, et tandis que
le général Gougeard se lance au galop sur le
chemin de Champagné, nous sautons dans les
prairies à droite de la route, aux cris toujours
répétés : En avant ! Vive la France ! Nos braves
compagnons des Côtes-du-Nord sont avec nous, le
10e chasseurs à pied de la 1re division, reste iné-
branlable dans un pli de terrain et nous appuie.—
Nous rallions ainsi pas mal de monde. — Nous
mettons sac à terre pour être plus agiles, nous
traversons au pas de charge un petit bois de pins
et nous voilà gravissant la colline sous une grêle
de balles et d'obus. — Parfois, sur l'ordre des officiers, nous nous étendions un instant sur la neige
pour reprendre notre haleine, sans répondre au
feu des Prussiens.

« Nous montons ainsi presque joyeux, glissant
parfois dans des cavités couvertes de neige, ce
qui excitait le rire, ce ne fut qu'au sommet, que
sur l'ordre du commandant nous ouvrîmes le feu,
c'est derrière cette petite ferme des Ramardières

que le combat fut le plus acharné. » (1) Là, tombè-
rent bien des zouaves et plusieurs officiers. Le général Gougeard eut son cheval percé de six balles,
mais le commandant de Montcuit et le capitaine
Lallemant étaient toujours en avant. On vit alors
des actes de courage admirables. Le capitaine de
Bellevue tombe, un jeune prêtre du Mans, l'abbé
Fouqueray qui nous accompagne, remplaçant le
père Doussot fait prisonnier la veille, s'élance
pour l'assister et il est tué sur le corps même du
capitaine.

Autour de lui tombent également les capitaines
Du Bourg et Belon, les lieutenants Le Bailly, Gar-
nier, Benoist, Bonvallet.

Les mobiles des Côtes-du-Nord sont aussi éprouvés, leurs six officiers, MM. Groazel, du Clezieux,
de la Noue, Le Treust, Guillon, Le Corguillet (2),
sont tués ou blessés. Sur 320 hommes composant
la 1re et la 5e compagnie, 110 seulement restent
debout et plus un officier !

Le 10e chasseurs à pied, les mobilisés sont aussi
décimés, mais le sommet est à nous. « Une résistance cependant se produisant encore sur notre
droite, le capitaine Lallemant s'y rend avec quelques hommes ; ne pouvant reconnaître l'uniforme

(1) Un zouave pontifical aujourd'hui prêtre de Saint-Brieuc.

(2) MM. Le Treust et Guillon seuls ont survécu à leurs bles-
sures.

il croit que se sont des mobiles et crie : Ne tirez pas, nous sommes Français ! — Et nous aussi. — Quel régiment ? — 51ᵉ de marche. Lallemant s'approche et à quelques pas on lui crie : — Rendez-vous ? — Jamais, répond le capitaine. Une décharge passe autour de lui sans le toucher. Il regarde les Prussiens en face, les bras croisés : — Maladroits ! crie-t-il, et se tournant comme s'il avait eu un bataillon derrière lui, il commande le feu. Les zouaves tirèrent et l'ennemi déconcerté abandonna la position. » (1)

Le plateau d'Auvours était reconquis. Ce sanglant, mais brillant engagement, avait rétabli la face des choses, et à cette heure on pouvait croire que la journée nous avait été favorable. Malheureusement une surprise, une panique déplorable livrait la position du Tertre-Rouge. Ici nous ne pourrons que dire avec le général Gougeard :

« Oui, cette défaillance fut coupable, elle neu-
« tralisa nos efforts, rendit inutile tout le sang
« versé ; mais quelles excuses ne pourrait-on
« pas invoquer en faveur de ces pauvres gens
« arrivés depuis peu de ce misérable camp de
« Conlie, sans instruction militaire et pourvus
« d'armes dans lesquelles ils n'avaient aucune

(1) S. Jacquemont, capitaine de zouaves.

« confiance et dont ils savaient à peine se
« servir. »

Nous ne pouvons oublier que le général de Ma-
rivault fut destitué pour n'avoir pas voulu ren-
voyer en première ligne ces pauvres gens avant
qu'ils fussent mieux équipés et mieux armés, armés surtout avec ces chassepots qu'il savait alors
avoir été envoyés dans le Midi, et nous sommes
comme le général Gougeard, sûrs que dans des
conditions meilleures, ils se seraient aussi bien
montrés que leurs frères de la division de Bretagne.

Le soir de la bataille, le général Gougeard,
nommé commandeur de la Légion d'honneur, écri-
vait « qu'il regarderait comme un éternel honneur
« d'avoir commandé à de pareils hommes. »
« Quant au général Chanzy, il dit : « Les volon-
« taires de l'Ouest s'étaient montrés héroïques. »

Le lendemain 12 janvier, la retraite commen-
çait. Les zouaves et les mobiles des Côtes-du-
Nord, mis en réserve par le général Jaurès, arri-
vaient avec lui à Mayenne. Là, avant de se
séparer d'eux, il leur adressait l'ordre du jour le
plus flatteur et embrassait publiquement son secrétaire Victor de Seze (1).

(1) Procureur impérial à Redon, marié, père de six enfants,
Victor de Seze s'était engagé avec ses deux frères, Romain et
Aurelien ; après la guerre, il rejoignit son poste à Morlaix, où il
est toujours !

Tel fut l'engagement d'Auvours, telles furent ses conséquences. Avant d'y élever un monument commémoratif, Leurs Grandeurs réunirent une commission chargée de désigner son emplacement ; un concours en même temps fut ouvert. La commission, assistée de trois hommes de l'art, MM. Bouché, Dugasseau, Hucher, eut à se prononcer entre dix-sept projets qui avaient été envoyés ; celui de M. Maréchal fut choisi, et c'est lui qui a dirigé les travaux. M. le comte d'Andigné de Resteau avait offert le terrain, M. le baron de Laborde, maire d'Yvré, et Mme de Laborde recueillirent à Paris de nombreuses souscriptions, et c'est ainsi que, grâce à la patriotique initiative de nos Évêques, grâce aux offrandes reçues par eux, un monument impérissable s'élèvera aux derniers défenseurs du pays, aux vaillantes victimes de la bataille du Mans.

Le Mans, 30 mars 1874.

Vicomte H. DE LA TOUANNE.

LE MONUMENT D'AUVOURS

—

Le monument se compose d'une pyramide terminée par une croix latine.

Elle repose sur une base représentant quatre sarcophages. Dans les fondations on a ménagé une crypte où ont été inhumés les ossements recueillis sur le champ de bataille.

Les inscriptions suivantes ont été gravées :

Sur la face antérieure :

DIEU ET PATRIE

AUX SOLDATS TOMBÉS DANS LA BATAILLE DU MANS

JANVIER 1871

Sur la face postérieure :

COMBAT D'AUVOURS

11 JANVIER 1871

Sur la face de droite :

Œre Commune Concives posuerunt monumentum

Sur la 4e face, cette inscription du *Livre des Rois :*

Inclyti Super Montes tuos interfecti sunt.
Quomodo ceciderunt fortes?

II Rég. I.

Au-dessus des sarcophages :

R. I. P.

Requiescant in pace

Zouaves pontificaux

MORTS

MM. Du Bourg, Maurice, capitaine ;
De Bellevue, Henri, capitaine ;
Belon, Félix, capitaine ;
Pelletier, Joseph, sergent-major ;
Chevet, Hippolyte, sergent-fourrier ;
De Vaubernier, Joseph, sergent ;
Houzieaux, Léonard, sergent ;
Lemarié, Louis, sergent ;
Ebrard, Hippolyte, sergent ;
Judic, François, sergent ;
Hosteau, Victor, caporal ;
De Laugerie, Théobad, caporal ;
Langevin, Charles, caporal ;
De Geoffre de Chabrignac, Jean, volontaire ,
Bernard du Port, Jean, volontaire ;
Fockedey, Alphonse, volontaire ;
Fockedey, Armand, volontaire ;
Crié, Ferdinand, volontaire ;
Ricou, Louis, volontaire ;
De Feligonde, Michel, volontaire ;
Riquidel, Louis, volontaire ;
Morice, Jules, volontaire ;
Bertaux, Albert, volontaire ;
De Launay, Clément, volontaire ;
Viaud Grandmarais, Henri, volontaire ;
Le Bricon, volontaire.

Mobiles des Côtes-du-Nord

(6e Bataillon.)

MORTS

MM. Du Clezieux, Augustin, capitaine ;
Grouazel, capitaine ;
De la Noüe, Charles, lieutenant ;
Le Corguillet, sous-lieutenant.

Le 17 janvier au soir, sur 320 hommes, 210 avaient disparu, tués ou blessés.

Mobilisés de la Loire-Inférieure

MORTS

Colonel Bell ;
Commandant de Trégomain.

(Tous les autres renseignements demandés ne sont pas arrivés en temps utile.)

PROCÈS-VERBAL

DE LA POSE DE LA PREMIÈRE PIERRE DU MONUMENT
D'AUVOURS

—

Ce monument, élevé à la mémoire des soldats Français morts en ce lieu d'Auvours pour la défense de leur Patrie en janvier 1871, a été édifié au moyen de souscriptions particulières recueillies dans les départements de la Sarthe, des Côtes-du-Nord, de la Mayenne et du Nord, par les soins de NN. SS. les évêques de Saint-Brieuc et du Mans.

La première pierre en a été posée l'an de Notre-Seigneur mil huit cent soixante-treize, le mardi vingt-trois septembre, par M. Martin (Armand), ingénieur en chef des ponts et chaussées du département de la Sarthe, officier de la Légion d'honneur, délégué à cet effet par Monseigneur Fillion, en présence de :

M. l'abbé Baissin, archiprêtre de la cathédrale du Mans, et vicaire général de Monseigneur l'Évêque ;

M. l'abbé A. Fillion, chanoine de l'église du Mans et secrétaire de l'évêché, et de

M. Maréchal (Henri), architecte de la ville et auteur du projet, dont il a, en outre, dirigé l'exécution :

Signé :

A. MARTIN, F. BAISSIN, A. FILLION, HENRI MARÉCHAL.

NOTA. — Les travaux sont exécutés par MM. Omnès, tailleur de granit à Kersanton (Finistère), et Pichard fils, entrepreneur au Mans, sous la surveillance de M. Barillier, conducteur des ponts et chaussées au Mans.